覺

阿彌陀佛心詩

出版緣起

在佛經中記載著，在地球剛形成時，光音天的天神，被美麗的地球所吸引，從天上來到地球，也就是人類的祖先。彩虹不但是世界共同的吉祥象徵，在佛法中成證虹光身，更是殊勝的成就。

虹彩光音系列，結集了地球禪者洪啓嵩禪師所修造的法要偈頌、詩詞，傳承古代大成就者「道歌」的傳統，將修法心要，總攝於短短的詩篇中。是修行者的無上寶藏，更是現代人智慧的心靈活泉。

在這個輕、薄、短、小的時代，虹彩光音系列，以別出心裁的版型和視覺設計，希望為繁忙、緊張的現代人，在紛擾的塵世中，打造隨身的心靈淨土。

在短暫、瑣碎的時光中，都能創造生命最大的價值。

祝福您時時安住在如虹彩般美麗的清淨自性，成證虹光身，圓滿成佛！

序

阿彌陀佛代表著法界中無量的光明，更是我們心性中永無盡的願望。透過阿彌陀佛的光明慈願，我們將見到真實的內心，我們的生命也終將安止在圓滿究竟的榮光之中，就如同佛陀在《觀無量壽經》中所說：「是心作佛，是心是佛」。

阿彌陀佛是無量眾生的依怙，他在往昔經過無比的大願行持，永遠無悔的救度眾生，他偉大浩瀚的妙行，使我們的生命，有著究竟無上的依皈。在我微渺的此生當中，深受著佛陀的慈恩教誨，更為阿彌陀佛永無止盡的大悲情懷所深深感動。我多麼期望，能像阿彌陀佛一般，用無邊的生命，在無盡的宇宙當中，自然無悔地救度衆生。十八年前（西元二〇〇〇年），我著成了《阿彌陀佛大傳》，而本書《阿彌陀佛心詩》則是結集了其中的詩集，讓讀者透過簡短精要的心詩，與阿彌陀佛深心相應。

每天望著西方的夕陽，自然生起了落日觀，心中祈願阿彌陀佛在極樂世界的廣大光明，能普照一切衆生，也讓娑婆世界中地球上的念佛行人，堅固安住在無上大悲的菩提道上。更願這光明，化作通往極樂世界的彩虹，廣度有緣衆生，安住極樂的國土。

目錄

第二篇

第三篇

第一篇

佛陀
您因何出現在這個世界上？
是否無比掛懷
無盡的佛子眾生
無量光明、無盡的壽命
有何意義

只是在無邊的法界中
永恆無際的莊嚴的度化
我 如來 阿彌陀佛
其實是一個誓願者
一意的守護我的允諾
啊 法界中無盡的眾生
尤其是在娑婆世界
地球上困苦的孩子
你們在我的本誓當中

終將與我一樣
成為
無量光者
阿彌陀佛
這是我永不褪色的心願
謹誓
這是永不褪色的大願
你等將在我的願力中
成為

無量壽者
阿彌陀佛

望著晚霞

望著晚霞
輕輕的
托著落日
一心的擂著
夕陽的懸鼓
傳來

咚咚的法音
密密的和成
阿彌陀佛

掐指算來

掐指算來
已經過了九萬劫
深深的懷念
沒有一刻不感通
隨心自然的念起了
阿彌陀佛

是永遠的追憶
那麼深情的懷念
是刻蝕在心中的實相
莫忘我
南無　阿彌陀佛

我的淚像雨水

我的淚　像雨水
傾落在　阿彌陀佛的心裏
父親　我知道
您沒有忘記
不斷的背叛　不斷的回憶
您的手永遠不累的

迎接著極樂的逆子
懺悔　您容許我不斷的懺悔
我終還是叛逆著
您的如來
我的淚　像雨水
滴落在阿彌陀佛
悲悲的心裏

是誰巧手搭起了虹

是誰巧手搭起了虹
正在藍天上拈著空
是誰在虹上繪著彩
讓我的人生顏色濃
是誰的心裏念著佛
在法性裏成了如來

是誰在佛上現莊嚴
讓我的心裏好感動
我早已隨佛歸去
融入西方的晚霞
阿彌陀佛的無量光明
照著是我
在極樂世界中

那如幻的晶麗

那如幻的晶麗
正是清明的心緒

無所從來的故事
無所從去
從未來回到過去

成為了現在
阿彌陀佛
可有你的消息

孩子

孩子 累了
不妨在法性中休息
我夜中驚覺
依然夢幻光明
原來是 阿彌陀佛的安慰
您的手輕撫我頂

竟然是慈父的
我心滿溢
是晶瑩的心珠
化成了璀麗的靈淚
沒有迷惘的極樂
是我在人間的地陪

蓮華化生

蓮華化生
於是
用慈悲的右脇
智慧的左脇
出生了金色的清淨蓮華
他們合掌向佛

咕溜溜地
化出了童子
用觀世音與大勢至的姿勢
描繪著無量的光明
牙牙學語　一心的唸著
南無　無量壽命的
阿彌陀佛

自古以來

自古以來
時間已經失去了意義
空間被隱約的作用
捉迷藏的遊戲
說起了故事
於是從前

只是作為貼心的小禮
無量無量無量無量無量
阿僧祇劫前
阿彌陀佛的本生
是古早、古早的
那麼清晰的記憶

天地很寬人很好

天地很寬人很好
阿彌陀佛很慈悲很快樂
所有的智慧已圓滿
正在我們心中種福田
天地很寬人很好
極樂世界很光明很快樂

所有的心願要往生
阿彌陀佛正在我心中

如來的智慧

如來的智慧
悄悄的浮上了
心印
永遠不變的欣喜
笑咪咪的
度過了六度萬劫

福上的幸福
是安穩中的極樂
那麼親切吉祥
竟悄悄的憩息在
蓮華中化生

記憶竟成了永遠的福

記憶竟成了永遠的福
對 阿彌陀佛的記憶
竟是那麼大的享受
樂啊！極樂啊！極樂！
阿彌陀佛
永遠是記憶裏的

無量光明無量壽
記憶真的是那麼大的快樂
成為永遠的不後悔
合掌永念
南無 阿彌陀佛

再給我一次智慧

再給我一次智慧
讓我用您的眼睛
注視著這個社會
再給我一次慈悲
讓我用行動
參與著所有心扉

合掌向您祈求
淨賜無量的光明
讓我的心無量壽命
將極樂成為所有的世界

第二篇

慚愧啊！
為什麼 竟沒有熱情
去發現自己是
佛陀 直到
阿彌陀佛的慈光注照
才豁然發覺 自己的

佛 羞怯的
從無始以來 早已守候
不要忘了 自己是
佛 在
阿彌陀佛來臨的時候 與
他攜手
原來
無量光與無量壽 是

他贈賜予你的
妙果

來！
自卑實在難以成事
不要慍怒的躲在一旁
偷偷的羨慕
就毫不矯揉的自在
莊敬的順服著是

阿彌陀佛

不再惡夢了　是

阿彌陀佛在

阿彌陀佛的慈光注照下　是

阿彌陀佛

幸福已喪失了猶豫

幸福已喪失了猶豫
圓滿竟成了現成的事蹟
水中的倒映
來歡喜的見到了 阿彌陀佛的
倒影
真實的佛陀

早已安住在我的心靈
是心來作佛
是心就是佛
正是平常的心意
原來如此
阿彌陀佛

三月的杜鵑開了

三月的杜鵑開了
我的心情喜了
攀開樹叢中的紫藤
竟窺見了你的祕密
原來從未曾走
自寒冬來到春曦

只是一味的等待
我心中的一念
全身匍匐的頂禮
我的淚水直流了滿地
南無　阿彌陀佛
謝謝你的消息

傷痛已經成了最貴的奢侈

傷痛已經成了最貴的
奢侈
憂鬱竟成了不再生起的
回憶
是誰的手　輕揉了
極樂的永恆

讓最後一絲的
哀愁化成了
大悲的菩提

參億年前

參億年前　我對您
作了承諾
參億年後　還是參億年前
還是參億年之後
日子有什麼關係
承諾　永遠是承諾

參億年前　我是空
您是佛　參億年後
我依然是空
您就是佛　承諾就是承諾
我們都是
阿彌陀佛

偷窺了您的祕密

偷窺了您的祕密
我不安
不知您的祕密
我不喜
用您的心　用您的意
做我的心　成我的喜

就是這樣
阿彌陀佛
我敢保證
您的心就是我的心
您的事情就是我的事業
噫！
我的心怎麼成了您的佛去矣

難！

難！難！
是心太難！
無法駕馭的
怎麼細知
阿彌陀佛的望
易！易！

是心太易！
本來如此的
怎麼不知
阿彌陀佛在心上

告訴我您的淚

告訴我　您的淚
不只是鹹鹹的水
有著傾心的溫柔
告訴我　您的淚
從無量的光明中流出
有著智慧的承諾

合掌喃喃的憶著觀音
我已承不住這一份慈悲
我答應您
永永遠遠的　做個無量壽
阿彌陀佛

我不忍忘懷

我不忍忘懷 那種
無盡的悲念
竟夜夜的激醒
用血與淚
澆注著無上菩提
我不忍忘懷 那

無邊的傷痛
悲忿看著眾生 竟
還沒有成
佛
我不忍忘懷 那
阿彌陀佛
西方極樂世界 那
阿彌陀佛

東方是白色的

東方是白色的
用水拈成了　阿彌陀佛
南方是黃色的
用土塑成了　阿彌陀佛
西方是紅色的
用火璇成了　阿彌陀佛

北方是玄色的
用風吹成了　阿彌陀佛
中央是天藍色的
用空化成了　阿彌陀佛
我的心是無色的
用法性現起了　阿彌陀佛

少小離家老大回

少小離家老大回
鄉音無改心早滅
兒童相見不相識
笑問佛從何處來
從哪裏來的
阿彌陀佛

你到底走向何方
讓我們相會的日子
既要長久又有光芒

一方古池塘

一方古池塘
呼嚕跳下水中央
撲通一聲響
忽然穿著蓮華裳

喲
誰是
阿彌陀佛王

兩手拍掌

兩手拍掌
跳跳跳
雙手合十
笑笑笑
笑問小孩你幾歲
悄悄說我壽無量

嘿！
原來你是
阿彌陀

第三篇

永不忘懷 您的教誨
折下肋骨 用我的鮮血
銘寫在自己的皮上
百千億世的生命保證
絕不怯懦的守護眾生的莊嚴
慧命在實踐上
融入了 您的光明

竟然成了無量
我豁然發覺
清晨的每一道日光
都是 您覺醒的呼喚
不再畏懼了
把 您頂載頭上
用無量的壽命
日起 日落 不分別的成為
阿彌陀佛 您的 無盡明光

怒髮衝冠憑欄處

怒髮衝冠　憑欄處
瀟瀟雨歇
抬望眼　仰天長嘯
壯懷激烈
三兆時劫塵與土
八億佛土雲和月

莫等閑　白了少年頭
空悲切
且待從頭
收拾舊心緒
殷勤念佛　笑談渴飲菩提血
圓滿無上佛道
成大覺

水用光流過來

水用光流過來
用的是極樂世界
水用光流過來
在的是我們人間
阿彌陀佛　安心的關照
我們已沒有恐懼

思想著　如何
把人間淨土
把法界極樂
安心的是
南無　阿彌陀佛

偶然的一陣大雨

偶然的一陣大雨
劈落我心中的纏
忽然遺忘
那無法再憶起的煩
衣服在下雨
下到了心靈中的深深

隨處喜過
竟徹見了
阿彌陀佛
嗯！
無量光明
無量的壽

輕輕的把水剝開

輕輕的把水剝
開 竟然看到了
空 中的阿彌陀佛
細細的水合在一起
又看到了
空裏的阿彌陀佛

青蛙跳下水

青蛙跳下水　春天跑出來
魚兒趕緊游　風鈴響叮噹
忽然想念佛　佛到眼前坐
南無阿彌陀
佛在心中
南無阿彌陀佛

南無　阿彌陀佛

南無　阿彌陀佛
南無　阿彌陀佛
南無　阿彌陀佛
是我憶念佛
是佛憶念我
南無　阿彌陀佛

南無　阿彌陀佛
我已在　阿彌陀佛的心中
念佛
竟……無法分別
阿彌陀佛與我
南無　阿彌陀佛

在每一根髮絲上面

在每一根髮絲上面 用
真摯的心意 刻上
一句一句的 阿彌陀佛
在每一根髮絲的細胞上面 用
熾誠的心意 刻上
一句一句的 阿彌陀佛

在每一根髮絲的DNA上面 用
無上的敬意 刻上
一句一句的
阿彌陀佛 我
很滿足了
南無 阿彌陀佛

沒事的時候

沒事的時候
說要無事也難
念佛的時候
說要停止也不安
心裏怎麼想也都是
阿彌陀佛

念著！念著！
揮也揮不去
趕也趕不走　原來
阿彌陀佛才是我
這才是真正傳來的信息

我的前面有一尊佛

我的前面 有一尊
佛
我的前面 有一尊
阿彌陀佛
我的前面 有一尊
無量光明的 阿彌陀佛

我的前面 有一尊
無量光明無量壽命的
阿彌陀佛
我的前面
根本沒有我
誰在念
南無 阿彌陀佛

人生不如意

人生不如意
盡拋常念佛
修行不如意
自在無可修
誰能不如意
是佛不作佛

本來離如意
何必多蹉跎
嘿！
放下一切念
阿彌陀佛

小時候

小時候
思念化成了火金姑
在迷離的夜色中漂泊
稍長時
思念蛻變成了蝴蝶
在春天中逐步的消逝

長大後
思念竟成了夢幻中的虹影
忽然了了不見了蹤跡
我不管
這錐心的真實憶念
都要在極樂世界中現前

大江東去浪已淘盡

大江東去　浪已淘盡
千古風流人物
俱去矣
鴻飛那復再計東西
故國夕月
將見黎明否

無心黯然
悵看人間多少事端
心已淨離
大悲拳拳
惟人間現成極樂否
助我兮
惟念彌陀
自無畏矣

傷痛是

傷痛是一道
最輕柔的靈食
如甘露一般　細細的剖開
如封似閉的心神
忽然覺悟了
永遠無法忘懷的密意

輕飲著憂傷　還是
靜靜的推敲
菩提的夢
在最寂的傷感中　有
阿彌陀佛的夢
那一滴淚般的珍珠　是
念著　阿彌陀佛的夢

大聲的念

大聲的念　大聲的念
大聲的念　阿彌陀佛
大聲的念　大聲的念
大聲的念　無量壽佛
大聲的念著您的名
無量光明

沒有忌諱的灑落
雙手合十
輕輕的密著
十劫的慈柔
大聲的念　大聲的念
大聲的念　大聲的念
南無　阿彌陀佛

關於作者

地球禪者洪啓嵩，為國際知名禪學大師。年幼深感生死無常，十歲起參學各派禪法，尋求生命昇華超越之道。二十歲開始教授禪定，海內外從學者無數。

其一生修持、講學、著述不綴，足跡遍佈全球。除應邀於台灣政府機關及大學、企業講學，並應邀至美國哈佛大學、麻省理工學院、俄亥俄大學，中國北京、人民、清華大學，上海師範大學、復旦大學等世界知名學府演講。並於印度菩提伽耶、美國佛教會、麻州佛教會、大同雲岡石窟等地，講學及主持禪七。

畢生致力以禪推展人類普遍之覺性運動，開啓覺性地球，2009 與 2010 年分別獲舊金山市政府、不丹王國頒發榮譽狀，於 2018 年完成歷時十七年籌備的史上最大佛畫—世紀大佛（166 公尺 X72.5 公尺），在藝術成就上，被譽為「二十一世紀的米開朗基羅」，在修證成就上，被譽為「當代空海」，為集禪學、藝術與著作為一身之大家。

歷年來在大小乘禪法、顯密教禪法、南傳北傳禪法、教下與宗門禪法、漢藏佛學禪法等均有深入與系統講授。著有《禪觀秘要》、《大悲如幻三昧》等〈高階禪觀系列〉及《現觀中脈實相成就》、《智慧成就拙火瑜伽》等〈密乘寶海系列〉，著述近二百部。

虹彩光音03《阿彌陀佛心詩》
作　　者　洪啓嵩
執行編輯　蕭婉甄、莊涵甄
美術設計　吳霈媜、張育甄
校　　對　姚靜蓉
出　　版　全佛文化事業有限公司 www.buddhall.com
訂購專線：(02)2913-2199 傳真專線：(02)2913-3693
匯款帳號：3199717004240 合作金庫銀行大坪林分行
戶　　名：全佛文化事業有限公司
E-mail:buddhall@ms7.hinet.net
門　　市　覺性會館・心茶堂
新北市新店區民權路95號4樓之1 (02)2219-8189
行銷代理　紅螞蟻圖書有限公司
台北市內湖區舊宗路二段121巷19號 (02)2795-3656

初版一刷　二〇一八年一月
精裝定價　新台幣二五〇元
ISBN 978-986-6936-97-5（精裝）

ISBN 978-986-6936-97-5
NT$250

國家圖書館出版品預行編目 (CIP) 資料

阿彌陀佛心詩 / 洪啟嵩作 . -- 初版 .
-- 新北市 : 全佛文化 , 2018.01
面 ;　公分 . -- (虹彩光音 ; 3)
ISBN 978-986-6936-97-5(精裝)
224.513　　107000943

wc